生長の家ヒューマン・ドキュメント選

自然がよろこぶ生活

★

日本教文社編

日本教文社

自然がよろこぶ生活　目次

装幀　松下晴美

編者はしがき

この「生長の家ヒューマン・ドキュメント選」シリーズは、生長の家の信仰を持つことによって、人生を好転させた顕著な体験をした方々を紹介する小社刊行の月刊誌『光の泉』の「ヒューマン・ドキュメント」をテーマ別に精選編纂したものです。

本書は、特に生長の家の信仰をバックボーンに自然と調和した事業を展開している方々のドキュメントを収録しています。本書中の年齢・職業・役職等は、同誌に掲載された当時のもので、記事の初出年月は、それぞれの末尾に明記してあります。本書が、環境を損なうことなく、自然と共に栄える新時代の生活のためのヒントとなることを願ってやみません。

日本教文社第二編集部

農薬づけの大地を蘇らせるために〝まいたけ〟にかけた男の挑戦

岩手県　農業　羽沢重明《はざわしげあき》さん（50歳）

戦後四十年にわたって撒き続けられた農薬で、大地は死んでしまった。痩《や》せた土地からよい作物は実らない。農薬を使わない農業は可能だろうか。農薬づけで死んだ大地を蘇らせる方法はあるのだろうか。作物を作るより、まず土を作らねばならない。羽沢さんは、その答を〝まいたけ〟の養殖に見出した。

秋田県の県境に近い岩手県安代町《あしろ》。東北の典型的な農村地帯だ。ここで、野菜作りに精を出していた羽沢さんが、昭和五十九年からまいたけの養殖一本に切り替えた。

「野菜作りだけでは採算が合わないから、目先を変えて、まいたけの養殖を始めたと思われては困るんです。採算がとれるとか、とれないとかじゃないんだ。大げさな言い方だけれども、日本の農業を根本的に変えようとしてまいたけを始めたんです。はっきり言って、今の農業は〝逆のサイクル〟で行われていますからね」

自宅から車で五分のところに、まいたけ養殖のハウスがある。そのハウスへ案内される途中で、何事にも控え目な印象を受ける羽沢さんの口から、突然に漏《も》れた言葉がこれだった。

〝逆のサイクル〟――まいたけの養殖にしぼった動機が、この言葉にあるには違いないが、羽沢さんはそれだけ言うと口をつぐんでしまった。

ハウスは、羽沢さんが、約一年をかけて牛小屋を改造したものを中心に、ここ四年の間に次々に建て増しされ、長い棟続きの大きな工場のように見えた。トタンでできた〝工場〟の壁には、羽沢さんが書いた〝マイタケ〟の白いペンキ文字。まいたけの養殖現場であることを外から窺《うかが》う手がかりは、これだけだった。

外観のよそよそしさとは対照的に、ストーブが燃える十畳ほどの事務所では、近所の農家から集められたパートの主婦が、まいたけの出荷準備に余念がない。長男の寿隆《ひさたか》さ

牛小屋を改造して建て増した手作りのハウスの前にて

ん（29）が電話の応対をしている。羽沢さんは事務所の一角で再び話を続ける。

「問題は農薬なんですよ。戦後から莫大な量の農薬が土にまかれているんです。二十年ほど前、どの農家もＰＣＰ（ペンタ・クロロ・フェノール）という農薬を使っていたんです。いまでは使われておりませんが、本来除草剤であるこの薬が、殺虫剤として大量に使われた。近くを流れる安比《あっぴ》川の魚の背骨が曲がってしまったものです。恐ろしいもんです。そんな農薬が何十年も垂れ流しになっていたんだ。農薬が地下水に染みていき、人間が飲む。川にだって、海にだって農薬は流れて行く。もちろん農作物そのものが薬づけです。我々が農業をやればやるほど、地球は汚染され、人の命を蝕《むしば》んでいるんだ。この繰り返しを私は〝逆のサイクル〟と言っているんだ」

羽沢さんもまた、かつては農薬を使い続けていた。農薬無しでは、作物にすぐ虫がつき、虫が食ったものは商品として通用しなかったからだ。だから、農薬は一つの必要悪と思っていた。農薬を多量に使い、形のよい作物を作らねば、他産地との競争に負けてしまう。このサイクルから逃れることが、現在でも農家にとっていかに難しいことか、羽沢さんは頬《ほお》を紅潮させながら話すのだった。

電話が、羽沢さんの話を中断させた。顧客からのまいたけの注文だ。地元東北地方はもちろん、東京にも贈答用に人気がある。まいたけはサルノコシカケ科に属するキノコで、味がよく、マツタケに次ぐ風味があるといわれている。だが、天然のまいたけは限られた山で、一年に一度、秋にしか収穫できない。その場所は親兄弟にも知らせてはいけないという言い伝えがあるほどだが、羽沢さんは、およそ五十日の周期で、いつでも収穫できる大量生産方法を独自であみだしたのだ。

その方法はこうだ。まず、おがくずにまいたけ菌を混ぜ合わせ、菌床《きんしょう》というものをつくる。その菌床を培養室で約四十日間かけて発酵させ、それから発生室に移す。培養室から発生室へ菌床を移すタイミングが難しいという。発生室に移してからは、約十日でまいたけが発生してくる。その流れを毎日よどみなくこなし、合計五十日で、まいたけが収穫される。一日約六十キロのまいたけを出荷しているという。年商三千五百万円。個人農家としては、県内でもずば抜けている。

「正しいサイクルの農業をやるには、農薬を使わないことに限るんです。その意味でまいたけは農薬がいらないから始めたんです。でも、もっと大きな可能性をまいたけはもっている。生長の家のおかげでそれに気がつきました」

その〝可能性〟については、後から聞くとして、羽沢さんが語りだしたのは、農業を一度捨ててしまった若い時の大きな挫折の体験だった。

奪い合いの世界をぬけて

七歳の時に父が戦死。母のとしえさんは女手ひとつで羽沢さんを育てねばならなかった。その恩に報いようという気持ちから、羽沢少年は中学を出るとすぐに、家業の農業を継いだ。

「自分でもよく頑張ったと思いますよ。でも三十歳の頃にね、農業が急に馬鹿らしくなっちゃったんです。当時は全国的に作物が余り始めてきましたからね。苦労して作った作物が、いい値で売れなくなったんです。お恥ずかしい話ですが、農業をほったらかして、株と小豆《あずき》の先物取引に手を出した。しかし、これが生長の家と出会うきっかけになったんですから、不思議なものですね」

小豆の先物取引は相場の変動が激しく、儲《もう》けも大きいかわりに、一瞬で大損をしてしまうことも。電話にかじりついての、売った、買ったの生活が始まった。

「欲のとりこになっていました。儲けよう、儲けようという気持ちが先行して、いつもイライラ、ハラハラしていました。簡単に言えば、奪い合いの世界ですからね。心が安定していないんですよ。おかげで心臓を悪くして、体を動かすことが難儀になってしまってね。もうそのときには、相場に明け暮れる生活に嫌気がさしてきましてね。何かもっと〝完全なもの〟が欲しいと思ったんです。そしたら、いつも見ている新聞の株式欄の下に『生命《せいめい》の實相《じっそう》』*の広告が目についたんです。なぜか、その本の名前にとてもひかれたんだ」

羽沢さんは、『生命の實相』第七巻（生活篇）を書店から取り寄せ、一日で読破した。

「心の法則を知って、たまげたんだ。自分のそれまでの人生は、自分の心の反映だということが分かったんです。〝儲けよう〟という気持ちは〝奪おう〟という気持ちと同じですからね。奪おう、奪おうと思っていたから、健康を奪われたことがわかった。それと一緒で、今まで自分がやっていた農業も儲け優先で、農薬を使って、形のよい作物はできたが、それが一番大切な消費者の命さえ奪おうとしていたことに気がついたんです。

神様が作った世界は与え合いの世界で、与えようとすれば与えられることを教えていただいたんだな」

羽沢さんの生活は一変した。株や先物取引の生活から手をひいてしまったのだ。〝与え合い〟の農業の手始めが、農薬を極力おさえ、有機肥料をつかってのレタスの栽培だった。だが、羽沢さんの意に反して事はスムーズに運ばなかった。何十年もの間、化学肥料と農薬で、土地があまりにも痩《や》せてしまっていたのだ。

いくら堆肥《たいひ》を使っても、よいレタスが採《と》れない。収穫して一週間もすれば、みな萎《しお》れてしまい、味もまずかった。これには悩んだ。〝逆サイクル〟の最後のツケがこれだった。市場で高く売れようが安く売れようが関係なしに、できるだけ農薬を減らした有機栽培を続けたが、死んだ土地では、所詮《しょせん》満足のいくレタスの収穫はかなわなかった。羽沢さんは毎晩神想観《しんそうかん》*をしながら、農薬無しの農業が実現できることを祈る生活を十年以上も続けることになる。

まいたけとの出会い

昭和五十七年の秋、羽沢さんは盛岡市内の病院のベッドに横たわっていた。すっかり心臓の調子は良くなっていたが、町内の運動会に出て、アキレス腱を切ってしまったのだ。

「これが実は運命の転機だったんですね。隣のベッドにいる人が、『まいたけの養殖に成功した人がいるから、あなたもやってみたら』と声をかけてきたんです。まいたけは自分の山でも少しは採れるんですが、当時はあまり出回っていなかった。それを聞いて、なかなか面白そうだと思ったんです」

面白そうだと思ったのは、他でもない。キノコの栽培なら化学肥料はいらない。しかも、ナメコやエノキ、シメジなど、キノコを収穫し終わったあとの菌床には有機質が含まれていて、痩せた土地に菌床を還元すると、土地が生き返るかもしれないと思ったのだ。事実、茶を栽培している農家はキノコの高価な菌床を、肥料として買っていた。

それから、二ヵ月後。無事に退院してからの羽沢さんは、大地に生命を蘇らせることのみを念頭におきながら、自宅の風呂場にこもりきりになった。まずは、まいたけの養殖に成功しなければならない。まいたけは、適当な湿度と温度があり、暗いところに発生する。その条件を備えているのが風呂場だった。ビニール袋にまいたけ菌とおがくずを混ぜたものを入れて、約一月置いてみた。すぐに結果がでた。かすかではあるが、まいたけが発生したのである。その後のことは、専門家の指導を仰ぐつもりだった。ところが、専門家のどこを訪ねても門前ばらいをくった。正確な培養の資料は苦労して得たものだから、簡単に教えることはできないというのだ。

しかし、羽沢さんは諦《あきら》めなかった。むしろ、このときこそ、「自分の力をためす良いチャンスだ」と思った。

岩手県のあるキノコ菌業者は、こう語る。

「コンピューターを使って湿度、温度、光の具合を管理している所もありますが、うまくいってはいないようですね。いつ菌床を培養室から発生室に移すか、またおがくずとまいたけ菌の混合の割合はどうするか、温度、湿度、光の具合はどうするかなど頭を悩ます問題が多いんです。それにまいたけは、マツタケと一緒で、植物の根にあたる菌糸が細くてデリケートなんです。セオリーどおりにいかないんですよ。なめこなんかは、ほっといても自然に発生してきますけど、まいたけに関しては、私達専門の業者にもまだ正確な数値がわかっていないんです。でも羽沢さんのところは不思議ですよ。あの人自身、まいたけにはまったくの素人でした。それが、いまでは、その出荷量では岩手県内では一番ですからね」

だが、業者も不思議がる羽沢さんのまいたけ養殖の技術が、実は生長の家の神想観にあったことを知る人は少ない。羽沢さんの言葉を借りれば、「温度、湿度、光などの微妙な調節を〝神の国〟から聞き出す」というのだ。

「それには、まいたけの前で神想観をして、まいたけを讃嘆するんです。野菜に音楽を聞かせるとよく育つと言われていますよね。それと一緒で、愛念は通じるんです。幸いにもすべてハウスは手作りですからね。細かい融通もきくんですよ」

六〇キロの収穫が終わった後のまいたけの菌床二五〇キロを、毎日のように畑に還元してまる四年。毎年秋になると、その畑からまいたけが発生する。そして三年もすれば、何も出てこなくなる。そのとき、菌床は完全に腐って、堆肥よりも良質の肥料となり、化学肥料によって痩せた土地が、肥えた大地に戻るはずである。あと五年もすれば、羽沢さんの八反の畑は、すべてまいたけの菌床で還元されるはずである。さらに三年を待てば、四十年前の肥えた土地にもどるはずである。

一度死んでしまった土地が、生き返る。みみずも、もぐらも戻ってくる。農薬によって自然を壊す農業でなく、自然が与えてくれるままの恵みによって、作物が生かされる本来の農業の姿に帰る。その暁には、羽沢さんは肥えた大地で、山間地の特色を生かした山菜作りを始めたいという。

羽沢さんは、正しいサイクルに乗った農業に共鳴する仲間たちを求めている。そのためには、まいたけ養殖のノウハウを伝授してもいっこうに構わないという。東北の地に生まれたまいたけの養殖が全国に伝わり、大地に生命を蘇らすその日まで、羽沢さんの挑戦はつづけられるだろう。


（平成元年五月号　取材／山本夏樹　撮影／廣中雅昭）


*『生命の實相』＝生長の家創始者・谷口雅春著、全四十巻、日本教文社刊。

*神想観＝生長の家独特の座禅的瞑想法。詳しくは、谷口清超著『神想観はすばらしい』（日本教文社刊）参照。

廃棄物を宝の山に変えた化学者の信念

和歌山県　和歌山県工業技術センター主任研究員

谷口久次《たにぐちひさじ》さん（49歳）

産業廃棄物を「未利用天然資源」と呼ぶ谷口さんは、生長の家の教えをバックに、明るく力強い信念で研究に取り組んだ。そこから次々と素晴らしい発見が生まれ、今や国内外の特許も二十七になった……。

生きとし生けるものを生かし給《たま》える御祖神《みおやがみ》元津霊《もとつみたま》ゆ幸《さきは》え給え。
吾《わ》が生くるは吾が力ならず、天地《あめつち》を貫《つらぬ》きて生くる祖神《みおや》の生命《いのち》。
吾が業《わざ》は吾が為《な》すにあらず、天地を貫きて生くる祖神の権能《ちから》。
天地の祖神の道を伝えんと顕《あ》れましし生長《せいちょう》の家大神《いえのおおかみ》守りませ。

昭和六十三年六月十日。生長の家の講師である廣畑雅子さん宅を訪れたときのこと、廣畑講師が朗々と唱えるこの招神歌《かみよびうた》*を初めて聞いた谷口さんは、感動で心が震え、「天にも昇る心地がして、この教えで私は救われる！　と確信した」という。特に第三首目の言葉は、谷口さんの心に強く響いた。

それまで自分の力で生き、自分が研究しているのだと思っていたその思いが、この宇宙を貫く神の生命によって生かされ、宇宙を貫く神の知恵によって導かれているのだ、と知ったときから、谷口さんの心は、明るい陽射しの中に出たようにクラリと変わった。

「谷口さん、これから毎日、朝夕二回、次の言葉を二十回ずつ唱えて下さい。あなたの運命は必ず素晴らしくなりますからね。『私は神の子、実相*円満完全。これから毎日あらゆる点で、より一層良くなる』」

続いて廣畑講師からこう指導された谷口さんは、迷わず「ハイ！」と答えた。その時から八年余り、一日も欠かさず、この言葉を朝夕二十回ずつ唱え続けて来た。

「心身ともにどん底だった私が、生長の家の教えに導かれて、これからは人を育て、人の役に立つ化学者になろうと決意できたんです。私の心境が変わるにつれて、私の生活も研究も、ありがたいことに素晴らしく変わって行きました」

「生長の家で学んだ『本来無駄な物は一つもない』という信念のおかげです」
と谷口さん

この中に、きっと宝がある！

平成四年、谷口さんは、米糠《こめぬか》から極めて重要な物質、フェルラ酸を抽出することに成功した。

フェルラ酸は、食品添加物として認定されているほど安全性が高い物質で、紫外線をカットするため、化粧品や衣料品など、さまざまなＵＶケア商品に使われている。また体内のコレステロールを正常にする作用があり、心臓の薬の原料としても使用され、胆汁を良く出させるので肝臓の薬としても用いられており、今後その用途は広がると期待されている。

今までフェルラ酸は、天然の香料と有機酸を化合させて製造していたが、この方法だとコストが高く、キロ当たり二十万円も掛かるうえ、製造日数も三週間以上掛かっていた。ところが、谷口さんが開発した方法だと、これまでの二十分の一程度のコストで済むうえ、製造日数もわずか一日に短縮された。これは極めて大きな発見で、マスコミでこのニュースが伝えられるや、国内外の製薬会社や化粧品メーカーなどから、百五十件を越える問合わせがあった。

今回の発見は、米糠油などを製造している食品会社から油を絞った後のピッチという真っ黒いドロドロした廃油の中に、「何かないか、調べてほしい」という依頼を受けたのが始まりだった。その社長に初めて会った谷口さんは、「社長さんの所は、宝の山を持っているんですよ。私も最後までやりますから、社長さんも、トコトンやってくれますか？」と、「何の成果も出ていないのに、言い切ってしまうたんです」と言う。

その会社では、それまでピッチを焼却処理して来たが、年間数千万円の費用が掛かっていた。それを何とか生かす方法はないだろうか？

フラスコの中の、悪臭を放つ真っ黒いピッチをじっと眺《なが》めていると、谷口さんの心に、「この中にきっと宝物があるに違いない」という確信が湧《わ》いて来た。その日から谷口さんは、来る日も来る日も実験に取り組んだ。しかし現実はそう甘くはなかった。毎回、微妙に条件を変えながら実験を重ねたが、一年余り経っても実験は成功しなかった。

ある日、ピッチに有機溶媒と水酸化ナトリウムを加えて反応させ、溶液を八時間ほど加熱した後、そのまま放冷させる事になった。結果を待っていると夜になってしまうので、その日はそのまま帰宅した。

翌朝、出勤してみると、フラスコのなかの廃油は油層と水層に見事に分離していた。さらに驚くべきことに、水層を取り出して調べてみると、中にはフェルラ酸だけが入っていた。

「もう神業《かみわざ》ですね。こんな事は普通、考えて出来るものじゃないんです。もし沢山《たくさん》の物質が混じっていたら、それを分離するのにまた大変な手間とお金が掛かるんですよ。本当に二重の奇跡でした」

「悪い事が起きても、必ず良くなる」

昭和二十二年、高野山を望む高野口《こうやぐち》町で、谷口家の長男として生まれた久次さんは、父親の久男さん（故人）が染工場を経営していたため、小さい頃から化学薬品に馴染《なじ》んで育った。

昭和五十三年、優秀な成績で大阪府立大学大学院の博士課程を修了し、工学博士となった谷口さんは、担当教授に、アメリカに留学して有機化学の研究を続けるよう強く勧められた。だが、父の強い反対にあい断念。父の勧めで、地元の和歌山県工業試験場（当時）に勤務した。「教授は怒るし、何でこんな田舎でと、今思えば父には申し訳ないんですが、三年程ブツクサ文句を言っていました」

元来、体があまり丈夫《じょうぶ》でなかった谷口さんは、昭和六十二年十二月に、緊急透析を受けた。その半年前、透析を受けるように勧《すす》められたことがあったが、透析への恐怖から治療を拒《こば》んでいた。その内に担当の医師から、「血管がボロボロで、尿毒症で死ぬ一歩手前だ」と言われ、透析を受けたが、毎日「死」を見つめ、希望のない日々を送っていた。

そんなある日、小学校教諭をしている寿子夫人のクラスの生徒の母親から、ある宗教を勧められた。谷口さんは、治りたい一心で、早速その人に連れられて、宗教の話を聞きにいくようになった。ところがあるときから、その集いにその人が来なくなった。不審に思っていると、その人が谷口さんを訪れ、「近くに住む生長の家の信徒に自分の宗教を勧めに行き、逆に生長の家の教えを聞いて、生長の家に入信した」のだと言った。

「私がお勧めした宗教が小学校なら、生長の家は大学の教えやと思いますから、谷口さん、是非私と一緒に話を聞きに行って下さいませんか」

そう言われて連れて行かれた先が、橋本市の誌友会*だった。谷口さんはその場で『生命の實相』四十巻を申し込み、届けられた『生命の實相』を貪《むさぼ》るように読み始めた。

やがて生長の家相愛会*の野沢清孝講師宅の誌友会に参加した谷口さんは、野沢講師に透析患者としての不安を訴えた。すると野沢さんから、

「谷口さん、これから現象的にどんなに悪い事が起きて来ても、決して心配いりませんよ。一見悪いように思えるようなことがあっても、それは必ず良い事になるんやからね」

と励まされた。さらに野沢さんは、暗い顔をしていた谷口さんを前にして、出席している人達に、「みんなよう見ててや。これが始まりやで。これからどんどん変わるからな。楽しみやな」と飄々《ひょうひょう》として言った。

谷口さんは、月一回の誌友会に参加して生長の家の教えを学んだ。野沢さんの言葉通り、しだいに暗かった谷口さんの顔は明るくなり、体も元気になっていった。

透析を受け始めて三年経《た》った頃、谷口さんは、血液を増やすための新薬を投与されたことがあった。だが、副作用が強く、血圧が上がって上が二百四十、下が百四十になっ

てしまった。すぐに薬を止めたが、血圧は下がらなかった。ある晩、鼻血が出て止まらなくなって、直ぐに救急車で運ばれたが、救急車の中でも大出血し、病院に着いても出血し続けた。鼻を塞《ふさ》ぐと口から血の塊が出て、バケツ一杯ほどの血が出た。

「その時も、野沢講師の言われた、どんな悪い事が起きても必ず良くなる、という言葉が頭にあったので、これで良くなると思いました」

病院側の適切な対応で一命を取り止めたが、その出血の後、異状だった血圧がスッーと下がり、正常値に落ち着いた。「病院の医師には、頭の血管が切れなくて良かったなあと。私がここまで健康になれたのも、家内が明るくて芯《しん》が強くて、いつも私を支えてくれたからなんです」

と谷口さんがしみじみ言った。

「大出血してから、私の血液は、不思議な事に、前よりも増えて来ているんですよ。有り難いですね」

喜びを悦ぶ

谷口さんは産業廃棄物を「未利用天然資源」と呼ぶ。

「これも生長の家でいう言葉の力なんです。産業廃棄物どころか、まさに宝の山ですよ。年間四、五千万円の産業廃棄物の処理に困っていて、経営状態が良くなかった会社が、その『未利用天然資源』から文字通りキナ酸という宝を取り出して、見事に繁栄している例があるんです」

その会社では、タラの木の豆の鞘《さや》から、インクの原料になる没食子酸《ぼっしょくしさん》を製造する際、キナ酸を含んだ廃液を大量に出していた。その廃液を海に投棄していたが、ロンドン条約で、平成八年から投棄が禁止され、このままではその工程の操業停止だと、谷口さんに救いを求めて来た。

「その時も、『大丈夫、任せてください、絶対良いものができますよ。必ずやり遂《と》げますから』と、断言出来たんです。そう言えたのは、『私は神の子、実相円満完全、これから毎日、あらゆる点において、より一層良くなる』と朝晩、二十回唱えたのが影響しているとと思うんです」

会社のスタッフと共同で研究した結果、その廃液からキナ酸を取り出すことに成功。キナ酸はキロ当たり三十万円ほどもする高価なものだが、この方法だとはるかに低価格で製造できるようになった。

キナ酸は、食品の旨味《うまみ》を出すのに使ったり、消臭剤や化粧品、抗アレルギー、抗インフルエンザ、抗エイズウイルスなどの医薬品の原料にも使われる貴重な物質である。

「フェルラ酸のときも、キナ酸の時も、大勢の方に喜んでいただきましてね。人の喜びを悦ぶという有り難い気持ちを初めて味わいました。それに、みな地球環境をよくする仕事ということですから。生長の家で学んだ『本来無駄な物は一つもない』という信念があったから、出来たんやと思うんです」

その他にも、谷口さんは、高野口町の基幹産業であるパイル生地の加工過程で大量に発生する糸屑《いとくず》から、脱臭炭素繊維をつくった。それまで、その廃棄物の処理には二億円の費用が掛かっていたという。谷口さんの発明を事業化するため協同組合ラテストが発足、新商品を次々と開発して表彰を受けた。

谷口さんは現在、和歌山県工業技術センターの化学技術部の総轄責任者として精密化学を担当し、地球環境を改善するため、植物を資源とした壮大な研究に取り組む。石油は枯渇資源だが、植物から化学原料をとりだすという道は、大きな可能性を秘めている。

平成三年、谷口さんは英国王立化学会から、一流化学者に与えられる名誉ある称号を贈られた。これまでに八十を越える論文等を発表し、特にカレックスアレーンという化合物の研究では、世界の第一人者として認められ、世界の化学者達の論文を審査する立場にもある。

谷口家には、結婚七年目に出来た一粒種の寿英《としひで》君（小五）がいる。

「生長の家の教育法で、運の良い子に育ててやりたいんです」

心から我が子を愛《いつく》しむ一人の父親として、谷口さんは祈るように言った。

（平成九年一月号　取材／小林陽子　撮影／中橋博文）

＊招神歌＝生長の家独得の座禅的瞑想法である「神想観」のはじめなどに唱える歌。
＊実相＝神が創られたままの完全円満な姿。
＊誌友会＝生長の家の聖典や月刊誌をテキストにして教えを学ぶ信徒のつどい。
＊生長の家相愛会＝生長の家の男性のための組織。全国津々浦々で集会が持たれている。

誰もが不可能と言う。ならばオレが……完全自然養鶏に挑戦。大成功！

香川県　養鶏家　白川豊彦《しらかわとよひこ》さん（65歳）

香川県立農業経営高等学校の教師を昭和六十年に定年退職。その勤めの中で、白川さんは農業の荒廃、特に〝薬漬け農業〟の実態を膚《はだ》で感じていた。そこで、消費者の健康を祈る、本当の農業を試みようと決意。地元の農協や県の畜産課などに色々と尋ねたが、「特に、生産過剰の養鶏業はとても無理。自然養鶏はもちろん不可能」と一笑に付された。しかしその時、彼は逆に闘志を燃やした……

「ともかく、百聞は一見に如《し》かず。これから私の自然卵がどう評価されているか、一緒に見に行ってもらいます」

面会するとすぐにまた、小型のワゴン車に乗せられて、来た道を逆戻り。ここは香川県の西部、金刀比羅宮《ことひらぐう》がある琴平《ことひら》町の隣の三豊《みとよ》郡山本町。十分ほどで琴平町の街中に入り、「マルヨシセンター」というスーパーに着く。売場の店員に声をかけながら、奥へと入っていく白川さんは、いかにも親しみやすい先生、といった感じがある。しかし今はもう、立派な養鶏家なのだ。

店内の卵売場には、なるほど、白川自然卵というブランド名と宣伝文の書かれたパネルが置かれ、六個三百円で売られている。他にも各種の卵があるが、十二個で二百円以下が殆《ほとん》ど。断然値段が違う。

この店の高橋茂店長は、「評判いいですよ。自然食品を好まれるお客さんが増えていますし」と語る。

売場担当の店員も「これでなかったらいかん、言うお客さんがたくさんいます。だから切らすとおこられるんですね」

マルヨシセンターは県全域に店舗網を持つという。水曜と土曜の、週二回納入された卵は、直ちに県内の二十五店舗に配送される。今では県中に白川自然卵の愛好者が広が

誰もが不可能と言う。ならばオレが……完全自然養鶏に挑戦。大成功！

無農薬、平飼い（土の上で飼う）の完全自然養鶏に成功した白川さん

っているわけだ。

「県内どころか、日本中、いや世界中にこの名を広めて自然養鶏を普及しようというのが最近の私の目標でな。ワハハハハ……」

と白川さんは意気盛んだ。実際、自然養鶏の仲間をおよそ三百軒ほど集めて「全国自然養鶏会」を結成し、その副会長として着実に新たな目標に向けて活動している。

だが、事業を拡大して儲《もう》けを増やそう、という考えからではない。無農薬、無公害の農業こそが、農家も消費者も共に幸せになる神の道、と信ずるからだ。

「友だちは皆、のんびりと年金生活をしてるし、私もそうしてもいいんだが、まだまだ人様のお役に立ちたい、と思うわけ。今は千羽ほど鶏を飼っているが、人手は私と家内（綾子さん、60歳）、それと週に四日、弟（白川高見さん）が手伝いに来てくれるだけ。それで一日七百個くらい卵を生産しています。

だから量的にいっても、とても注文に応じ切れない。でもスーパーは、ウチはこういう良いものを置いているぞ、というイメージ商品として重宝するんです。それに一個五十円なら、確実に儲かる。普通の卵は、安売りの目玉商品にされて一個五円で売られたりする。売れば売るほど、スーパーは損するわけやなあ。大体、今の養鶏はケージ養鶏といって、一万羽から十万羽位飼わんと養鶏のうちに入らない。それで狭いケージ（檻《おり》）の中にとじこめてただ太らせる。鶏は運動できないから、ストレスがたまり体は弱る。それを、薬と消毒で病気を押さえて、もたせるわけや。それに公害が発生し、近所迷惑になっている例が多い。問題が多すぎるから、私は自然養鶏に挑戦した」

それにしても、その道の専門家たちが絶対に無理、と断言した自然養鶏にわずか数年でどうやって成功したのか。また、それはどんな養鶏なのか。

難関を次々に突破！

学校を退職する時、三十人の教員、三百人の生徒の前で、右手を高くあげて宣言したという。

「白川豊彦、ただいまより脱サラ農業一年生に転身いたします！　若き青年学徒に農業への夢と希望を与えるために、これからチョークの代わりに鍬《くわ》をにぎり、農業はアイデア次第でどんなにでも発展し、農村はパラダイスであることを実証します！」

一瞬、「言わなければよかった！」と後悔したが、もう後へは引けない。〝教師はウソは言えない〟のだ。

白川さんは、全くの素人ではなかった。学校では養鶏の実習指導もした。

「だから普通のやり方は良く知っています。四十日間に八回の予防注射とか、週一回の消毒とかの規定があって……。でも学校では自然養鶏は、実験することさえ認められなかった。それで、偶然本屋で見つけた『自然卵養鶏法』（中島正著）を参考に、私独自の工夫を加え、まず薬を全く使わない育雛《いくすう》（購入したヒナを育てること）実験から始めました」

昭和六十年三月のことだった。

先に自然養鶏を実行していた人々も、育雛だけは、狭い箱の中で人工的に行なっていた。ヒナのうちは特に病気が恐い。

「しかしそれでは完全な自然養鶏とは言えない。ヒナのうちこそ、日光に当て、丈夫に育てねば……。私はまず、この難問に取り組みました」

空き家になっていた旧宅の、日当たりの良い部屋の中央に掘りごたつ状に穴をあけ、板で四方を仕切って山土を入れ、床下の土と接続。こうして自然に近く、しかも通風、日当たりの良い育雛室を作った。そして、ヒナが育つにつれ、隣の部屋も開放し、家中に遊び場を拡げていく算段だ。

三百羽のヒナが到着した時、こう祈ったという。

「この地は神田《こうだ》といい、昔から神の祝福ある清浄無菌の地である。病気はない！　無薬育雛に成功させ給いて、神の証人《あかしびと》とならしめ給え！」

養鶏指導員が巡回して来て、こう言ったそうだ。

「生まれたばかりのヒナに小米《こまい》（つぶの小さい玄米）をやるなんてむちゃくちゃだ。予防薬入りの飼料をやれ。消毒をしなさい。今日中に五十羽は死ぬだろう。今に全滅するぞ」

しかし、白川さんは当初の方針を貫いた。もちろんヒナの成長につれ、餌《えさ》、温度、水、運動量などはきめ細かく気を配った。そして一羽も死なせずに、七十日間の育雛に成功したのだ。

すると、「それは季節が良かったからだ」とか「まぐれ当たりだ」とかいう声が出た。

そこで、梅雨時、真夏、真冬と悪条件下で五回追試験をし、全部に成功した。一日も油断できない七十日間の育雛を五回も成功させたのだ。

「やったぞ。万歳！」

奥さんと手を取り合って喜んだ。

自信を得た白川さんは、続いて常時千羽による卵の生産、販売体制の確立に取り組む。鶏舎を建て、飼料の調達や配合に工夫をこらした。

「なんといっても良い飼料を与えるのが、ポイント。私は穀類の他、必ず、おから（大豆のしぼりかす）、米ぬか、青草、野菜くずなどを配合します。カルシウムの補給も大事。のこくず発酵飼料も良い。青草は刈るのに苦労するが、鶏はじつに喜んで食べますよ」

成鶏の管理も難しい。しかし、

「ここでは病気、ネズミ、ハエなど、一切出ていません」

こうして健康な鶏が、どんどん卵を産みだした。そこで新たに目標を立てて、またチャレンジを開始。

1、世に広く自然卵を提供しよう。
2、自分の生産物に名前をつけよう。
3、自分の卵に自分で値段をつけよう。
4、いつでもどこでも定価で販売しよう。

2、3、4などは、小規模な養鶏では考えられないことだ。しかし人々がこの卵の良さを認めるのに、それほど時間はかからなかった。今日、この四つの目標は全部実現したのである。

臭いとフンのない不思議な養鶏場

養鶏場は自宅から歩いて三分ほどの、ゆるやかな斜面にある。

旧宅の育雛室と、育雛が終わってから産卵を始めるまでの若鳥を入れる育成舎、二棟の成鶏舎がある。各成鶏舎は縦五十メートル、横五メートルほどの長方形で、六つに仕切られ、それぞれに七十羽から百羽が入っている。

鶏はイサブラウンといい、薄い茶色の羽をしている。皆、元気そうに、自由に土の上を歩き回っていた。エサは首を出して食べる外のエサ樋《とい》と、舎内のホッパー（えさかご）とに分けて入れる。産卵箱は、卵が転がり出る仕掛の、高い所に置いたものと、地面に置いたものの二種類がある。

「卵は一日三回、採卵します。午前九時ごろから産み始める。エサは一日二回やる。すべて手作業です」

他に設備らしきものは、飼料タンクに接続したコンベアーと飼料を混ぜるミキサー、給水設備など。それに、小さな「のこくず発酵場」がある。

「この、のこくずがいわば企業秘密で、これを使うと色々いいことがあります」

養鶏と聞いて、すぐに臭《にお》いと散乱するフンを想像し、覚悟して来たが、ここでは舎内に入っても、臭いはほとんどしない。土の上にはフンが全然無い。

「フンは溜まらないんです。鶏が自分で食べてしまうのか、私も知りません。あっても完全消化後の、乾いたフンなんでしょう。ハエは一匹も出ない。普通の養鶏では水っぽくてくさく、すぐにハエが発生します。栄養分が未消化だからです。このあいだ、近所の人を集めて迷惑がないか、聞きました。私への文句は全然無い。出てくるのはよその養鶏場のことばかり。鶏フンの混じった汚水が混入して井戸が使えなくなる。ハエが大量に発生して飛来し、洗濯物はハエのフンで真っ黒になる、など被害続出とのことです」

そんなばかな、と思い、手ですくってよく見たが、土以外にはなにも見えない。籾《もみ》がらが混じった乾いたサラサラの土だった。

「とにかく、一年に一回、土を取り替えるだけ。山土です。山土には雑菌がない。見学に来る人は『毎日集フンしていますね』と言いますが、とんでもないことです。そんなヒマはありません」

自然養鶏が国際社会のお役に立てれば

白川さんは現在、農地の整備事業など、地元の世話役としても忙しい。その上、生長の家の地元の役職を引き受けて活躍している。生長の家は、奥さんが講演会を聞きに行って入信したのがきっかけで、白川さんも次第に熱心になった。

「人間・神の子、無限力。やれば出来る。素晴らしい教えや。これを実証することが愉快やな」

五十歳をすぎてから、学校で剣道部の顧問になって、初めて剣道を始め、剣道部を育て上げただけでなく、自らも剣道三段になった、という武勇伝がある。

「弱体クラブでした。五分で全敗しました。最初、県下一の強豪、琴平高校と対戦した時、一人一分もかからない。情けない！　私は決意しました。今に見ておれ！　その日から生徒と共に猛練習を始めた。四年後、ついに琴平高校に勝った。私は剣道三段になった。いや、愉快じゃった。昭和五十三年、五十四歳の時のことです」

自然養鶏の成功も、このような信念の発露でもあった。奥さんの内助の功も見逃せないが、当の綾子さんは、

「始めは、どうなることやらと思いました。でも、強い信念があるようなので、私もがんばって手伝いました。卵を箱詰めする時は、この卵を食べてくださる皆様が、健康で幸せになられますように、と念じながらいたします」

と語ってくれた。息子の恭寛《やすひろ》さん（30）はサラリーマンだが、やはり生長の家の青年会に入って両親の信仰を引き継いでいる。

その、白川さんの家庭に、外国人の青年が家族同様に出入りしている。自然養鶏を学

びに来た、研修生である。一人か二人ずつ、もう十人以上を受け入れているという。取材の時にはバングラディシュから来たハリム君（23）がいた。

ハリム君は日本語もうまい。

「大変いい勉強をしました。ボクの国でも若者は農業を嫌がるが、ボクはがんばります。食事からおフロまでお世話になりました……」

ハリム君はこの日で四ヵ月の研修を終え、近くの研修センターへもどるという。彼を送る車に同乗し、また琴平町まで行って、自然卵を愛好する消費者の声を聞く。

塩田歯科医院の奥さんで、栄養士の塩田弘子さんは、料理・栄養教室の講師もしているが、「黄身のねばりが違いますね。コクがあります」と言う。榎井《えない》保育所の田中恵子さんは、

「子供たちに安心して与えられますね。ほんとは一日百個注文したいのに、数がないといわれて……」と残念そう。

「だから、もっと自然養鶏をやる人を増やしたい。また、世界各国で自然養鶏の良さが認められつつあります。私もこの仕事を通して少しでも国際社会のお役に立てればと、

努力しているんです」

白川さんの夢は、まだまだ広がりそうだ。

（平成二年六月号　取材／原悠太郎　撮影／山田勉）

「自分が笑えば作物も笑う」
農業経営の極意を伝授

三重県　農業　白木只智《しらきただち》さん（61歳）

大地主の農家に生まれた白木さんだが、子供の頃から体が弱く、三十年間も慢性胃炎に苦しめられた。病気を呪い、両親を憎んだ。田畑に出られないような体では、農業経営も苦しくなる一方だった。だが、四十五歳の時、白木さんは「生長の家」に触れる。これが運命の転機となった。

「笑顔でハウスの中に入らないかんですよ。不機嫌な顔はトマトが嫌いますでな」

白木さんの言葉に記者とカメラマンは無理やり笑顔を作って、ビニールハウスの中に入ることになった。外気は冷たかったが、ハウスの中は二十度に保たれていた。葉の緑がまぶしい。白木さんは快活に笑いながら、まだ実のついていない、トマトの幹と葉を念入りに観察していく。

ハウスの屋根からは、針金でベニヤ板が吊《つ》るしてある。その板には、まん丸笑顔の印刷物が貼《は》りつけてあり、こんな文字が見える。

《うれしいな。たのしいな。しあわせだな。ありがたいな……。私の行くところに太陽が照り輝く、私は太陽である。今日もこの笑顔で出発だ！》

聞けば、「生長の家」のある講師に頂いたのだという。見れば見るほど、始終笑顔が絶えない白木さんの顔に似ている。

白木さんは約二町歩の農地を所有している。トマトの栽培面積は、苗を育てる畑も含めて六反歩。米の八反歩には及ばないが、トマトによる収入が一番多いという。一箱四キロのトマトを、三月から七月にかけて一万箱出荷する。

ここ桑名郡木曽岬《きそさき》町は県内でも有数のトマトの産地で、町全体で年間三千トンの生産を誇る。白木さんは、昭和六十二年の第一回木曽岬村（当時）トマト品評会で県知事賞を受けた。糖度や形状が評価の対象にされたはずだが、その内容は秘密審査で、確かなところは分からない。が、少なくとも、この町にある一〇〇軒のトマト栽培農家の頂点

四反歩ある大根畑で豪快に笑う白木さん。農業経営の極意はこの笑顔にあった

に立ったのである。以後、六十三年、平成元年といずれも金賞（第二位）を受賞している。

「ええトマトを作る秘訣？　難しいことはよう分かりませんが、ただただ感謝することが、その秘訣ですな。簡単なことですわ。前はその簡単なことができなんだな」

こう言って、白木さんは豪快に笑った。

ビニールハウスを出る時、白木さんは大きな声で合掌した。「トマトさん、有難うございます！」

笑顔でトマトに語りかけ、そしてこの感謝の一言がキメテというわけである。白木さんは毎日のようにハウスに入り、トマトと対面する。行けないときは「今日は用事があって行けません。トマトさん、有難うございます」と部屋の中から合掌するという。

今でこそ感謝を強調する白木さんだが、その感謝から最も離れたところにいたのも当の白木さんだった。それというのも、三十年間、慢性胃炎で苦しみ、弱い体に生んでくれた両親を恨んでいたのだ。

感謝にはほど遠い日々

「病弱だから早く結婚させて、嫁に働いてもらわねば」と、両親は考えたようだ。二十三歳のときに結婚。奥さんの弘子さん（58）が、白木さんの代わりに田に出て働いた。薬づけの生活だった。たまに田に出ても、強烈な下痢に見舞われ、母屋の便所までほうほうのていでたどり着く有様。体は肥えず、血圧も下がり、狭心症の診断を受けたこともある。

昭和三十四年にはかの伊勢湾台風で、家の一階が水に洗われ半壊した。泣き面に蜂である。それでも父親が健在の時はまだよかった。父親の直清さん（昭和四十五年、七十歳で昇天）がリューマチで寝込むようになってからは、母親のまきのさん（86）が付ききりの看病をしなければならず、益々弘子さん一人の肩に農作業が重くのしかかってきた。

が、広い田畑を女手一つに任せるには限界があった。しばしば病虫害に見舞われるようになり、虫が食った作物では農協に運んでもいい値がつかなかった。しかし、どんなに農薬を入れても、あっという間に病気は広がり虫に食われてしまう。農協からほとんどを返されることもあった。戦前までは、約十二町歩の土地を持って、地代だけで悠々《ゆうゆう》と暮らしていた。あの時が夢のようで、肥料代などを差し引くと、手元には一銭も残らなかった。家族がやっと食べて行けるという状態だったのである。

白木さんの病も回復に向かうどころか、四十歳を過ぎた頃には、貧血がひどくなり、歩こうとしても足を前に出す感覚が薄れていき、気を失うまでになった。酒を浴びるほど飲み、飯をたらふく食べられる人が憎らしかった。元気な人に話しかけられると、腹がたってすぐ喧嘩《けんか》になった。

「たまに畑に出たときは、腹が立ってトマトやキュウリを蹴散《けち》らしていましたな」

そしてその恨みは常に両親に向けられていたのである。

〝恨み〟から〝感謝〟へ

白木さんの心が変わるきっかけとなったのは「生長の家」の教えとの出会いだった。

「あと四、五年、生きられたらいい方だ」との医師の言葉を小耳に挟《はさ》んだ妹さんのたっての勧《すす》めで、白木さんは岡崎市の三河道場の練成会＊に参加する。昭和四十八年、四十五歳のときである。

道場ではまず、手鏡を渡された。自分の素晴らしい顔を映して感謝するのだという。しかし、感謝どころではなかったのだ。白髪だらけで、顔はやせ細り、どんよりと曇った目をした、まるで死人のような自分が映しだされているではないか。そのこともショックだったが、この練成会で白木さんはさらに大きなショックを受ける。生長の家のお経『甘露《かんろ》の法雨《ほうう》』＊の中に次のような一節があったからだ。

《汝《なんじ》ら天地一切のものと和解せよ。天地一切のものとの和解が成立するとき、天地一切のものは汝の味方である……神に感謝しても父母《ちちはは》に感謝し得ない者は神の心にかなわぬ》

「それまで、考えてみたこともなかったことが書いてあって、びっくりしましてな。それから涙がとめどもなくこぼれましてな。憎んでいた両親に、多くの町の人に、悪かったと自然と手を合わせていたんですな」

練成会では、先祖供養や浄心行《じょうしんぎょう》＊にも参加した。父の思い出が頭をよぎり、朝方まで涙が止まらなかった。その三日目の早朝四時のことである。天井に笑顔の直清さんが現れたかと思うと、パッと消えて行った。あっという間の出来事だった。が、そのとたんにおなかが鳴りだした。便所に駆け込んでみたら内臓までが出たと思われるほどの便が出たのだ。三十年間にわたる慢性胃炎が消えたのはこのときである。

感謝ざんまい

「神様、神様と、神社や寺にどれだけ参っても病気をなおしてくれませなんだもんやでな。感謝の気持ちになれたら自然に白髪が少なくなり、いまではこうして真っ黒になったんです。感謝の心は作物にも通じるんですわ。神様の波長に合うんでしょうな」

トマトハウスの次に案内されたのが、四反歩の大根畑だった。五年前から名古屋にある漬物屋の老舗《しにせ》に認められて、納めているという。白木さんは大根の葉をかき分けながらどんどん畑の中に入っていった。背広姿でも、一向に違和感がないのは、どうしたことだろう。健康を取り戻してからは、大根畑に出かけることも日課となった。

「大根さん、有難うございます！」

ここでも、白木さんは大きな声でそう叫び、手を合わせた。そうして、畑のまん中で手を広げて大笑いした。

「何もしなくても、見に行ってやるだけで、作物は喜ぶんですな。こうして丹念に、葉や実の様子を見ていると、不思議に病気がでないものです」

万一、葉や実が枯れそうになっていても、白木さんは動揺することがない。むしろ「これはきっとよい実が成る前触れだ」と、よい方へのみ考えるようにしている。

「不安や心配の気持ちも作物には伝わるんですな。こちらがその心を打ち消せば、自然と病気は消えて行きましたな」

〝笑顔でハウスに入らないかん〟と言った白木さんの言葉の意味がここにあった。

息子さんの斉《ひとし》さん夫婦に実質的な経営を任せるようになって、十年になる。

「親父のあの笑顔がええんですな。自然と仕事がしやすい雰囲気になります。それにいつもわしら夫婦を誉《ほ》めてくれますしね」

と斉さん（37）は言う。

応接間のマントルピースの上を見ると、楯《たて》やトロフィーが所せましと並べられている。すべて白木さんの〝感謝の勝利〟の証《あかし》だが、その中には六十三年の「桑名さつき競技大会」での県知事賞もある。五年前から始めたという、このさつきの盆栽では、金賞、銀賞なども含めれば、貰《もら》った賞状は二十枚以上。わずか五年間で、これだけの成績を修めるのは容易なことではないらしい。庭の盆栽は、どれもじゅうたんを敷いた棚の上に置かれていた。

「感謝すればするほど、きれいな花をつけます。他の人は腐った板やセメントの上に盆栽をおいている。これじゃ盆栽もよろこばんですわ」

白木さんは先祖供養も怠《おこた》らない。毎朝夕、仏壇の前で『甘露の法雨』を誦《あ》げる。先祖は〝根〟、子孫は枝葉。先祖に感謝すると、自然に作物の根も太くなり、豊作に恵まれるというのが、白木さんの信念だ。

木曽岬町の土地は砂壌土《さじょうど》のため、根が太くなりにくいそうだが、白木さんのトマトはどれを見ても太い。盆栽のさつきも、筋肉のように盛り上がった太い根が特徴だ。先祖に感謝しているおかげだと白木さんはこともなげに言う。

農業経営に行き詰まっている人に対しての白木さんのアドバイスも「感謝」に尽きる。

「どの農家も、生活がかかってますから真剣ですが、それでも差がでてくるのは、感謝の心があるかないかの違いだけですな。私も昔は恐い顔をしてハウスの中に入っていた。怒ってばかりいたら、人間でも嫌われるでしょう。それは植物でも同じですな。それをなんべん言っても聞いてくれる人は少ないですな」

初めて白木さんは残念そうな顔をみせたが、趣味のカラオケの話になるとすぐ笑顔に戻った。ハウスの中で演歌を唄うこともあるという。

「心の底から作物に感謝して唄うと、これまた作物が喜ぶんですな。アハハハハ」

白木さんの歌を聞いたトマトが食卓にあがる頃、また春がやって来る。

（平成二年四月号　取材／山本夏樹　撮影／廣中雅昭）

＊練成会＝合宿形式で生長の家の教えを学び、実践するつどい。全国各地で毎月行われている。お問い合わせ先は、巻末の「生長の家練成会案内」「生長の家教化部一覧」を参照。
＊『甘露の法雨』＝宇宙の真理が分かりやすい言葉で書かれている、生長の家のお経。
＊浄心行＝過去の悪想念、悪感情などを紙に書き、『甘露の法雨』を誦げる中、浄火で燃やす行事。

〝夢イズル国…〟のロマンを追いかける出雲の樹医

島根県　シンリン共同社長　勝部治良《かつべはるよし》さん（46歳）

出雲市で樹医として活躍する勝部さんは樹と人とのふれ合いを大切にして、樹木の保護にあたる。昭和六十三年に会社を設立、従来ムダにしていた間伐材《かんばつざい》を利用し、新技術を応用した木製品を制作販売する。出雲市の行政にも提言するなど幅広い活動を行なっている。

「具合はどうですか。……ウーム、樹勢《じゅせい》（木のいきおい）が衰えていますね。変色した部分は取り除いて、肥料も変えたほうがいいでしょう。診断書を書きますから、植木屋さんに渡して下さい。またしばらくしたら診《み》にきますから」

勝部治良さんは、「大事に育てた庭のマツが赤く変色した」との連絡を受けて、出雲市内の民家に出向いた。樹木を診断しアドバイスする、ユニークな〝木のお医者さん〟である。

「樹木診断書」をみせてもらうと、〝マツ葉ふるい病〟と記され、所見を書きこんで「処方箋」も作る。

ここ出雲市では、平成二年四月から、全国でも初めての樹医《じゅい》制度がスタートした。これは造園・林業などに携《たずさ》わる人々の間から、六人が樹医として市の認定をうけたもので、樹医センターが設けられて活動を行なっている。平成三年は、五百件もの相談が寄せられたそうだ。

「木はね、それを育てる人間のこころが分かるんです。愛情を込めれば、それに必ず応えてくれます」

と、勝部さんの目が優しく微笑《ほほえ》んだ。たんに木の病気を診るだけでなく、植物環境や日照にも心を配り、木のこころを人々に伝える。

「直径三十センチ以上の樹木が、ちょうど人間ひとり分の酸素量を放出するんですよ。そして人間が出した二酸化炭素を吸収する。樹と人とは、お互いに生かし合っているんです。そして樹は何百年、何千年と生きるいのち。自分も若い頃植林した樹木がありますが、それが伐採《ばっさい》できる位に育つのが二十一世紀。でもその緑をまもるには、今を大切にしないとね」

郷土の緑をまもる

勝部さんは車を運転して、出雲市役所を訪ねた。

親しくしている農林課の小林幸夫係長の席に立ち寄ると、話がはずんだ。

「いままで個人として樹医とよばれる人はいましたが、行政として制度化を試みたのは出雲市がはじめてなんですよ。検討の段階から勝部さんに加わってもらい、専門的な事柄で随分助けられました。前例がなく、暗中模索でしたから、苦労しましたが、おかげで市民には大好評ですね。今年は出雲の名木百選を決めましたよ」

と、小林係長は破顔する。最近は自然保護の関心が高まり、国でも林野庁が平成四年四月から、全国的に「樹木医」の認定を始めた。

勝部さんは近況を報告するために、市長室へ入った。

樹医として民家を回り、木の病気を診断する勝部さん

岩國哲人《いわくにてつんど》市長は、米国最大の証券会社副社長からの転身で話題をよび、就任以来斬新《ざんしん》なアイデアで市政を改革するユニークな市長として全国にその名を知られた人だ。

「勝部さんとは、六年来の付き合いになりますね。私が市長になる前のことですが、地域活性化フォーラムが出会いでね。私は審査委員で、彼の論文がその時最優秀賞に選ばれた。出雲の文化を生かしながら、将来をよく考えている人だという印象をうけましたね。それ以来、何かと市の仕事を手伝ってもらっています」

と岩國市長は笑顔をみせる。市長は出雲文化の継承を唱え、「木造り校舎」や「樹木ノート」（小学生の観察帳）、「樹医制度」などを提唱し、日本文化の特徴である「木と紙の文化」の伝統を、若い世代にも体験してもらいたいと語る。

昭和六十一年に勝部さんは、「夢イズル国〜出雲」（出雲21世紀市民委員会主催）と題されたフォーラムの論文募集に応募し、二百六十篇の中から最優秀賞をとった。「郷土愛の発露を求めて」という内容で、廃線となった旧国鉄・大社線の跡地を公園化し、鳥居や並木を作って歴史散策の場にしようと訴えたもの。この提言が岩國氏はじめ関係者の共感を集め、その後の親交につながった。

「市長と一緒に、出雲の未来の夢を描きたいですね。また微力ながらそれを実現させるために頑張りたい」と、瞳を輝かせる。

木の温もりを新技術で

市から委託された仕事として、樹医や名木選定委員のほか、教育や市民文化の向上をはかる目的で新設された「ふるさと文化庁」審議会委員という肩書もあり、多忙な日々を送る勝部さんだが、本業はシンリン共同㈱の社長である。

出雲大社から車で五分ほどのところにある事務所を訪問した。

オフィスに入ると、真新しい木製デスクと本棚がいくつも並び、木の温もりが伝わってくる。会社は、創立五年目でやっと軌道に乗りはじめたところだ。

「この机、わが社の新製品なんですが木目がキレイでしょう。ふつうのものだと一枚板を使いますが、間伐材《かんばつざい》を組んで作ったところが特徴なんです。制作に手間がかかりますが、これも森林保護のためなんですよ」

間伐材とは、森林に植えられたマツやブナなどを大きく育てるために、余分な木を間引きしたもので直径十センチ前後の若木。細すぎて従来は使い道がないと放置されていたが、その用途を考案した。

シンリン共同㈱では、公園や街頭に置く木製ベンチや案内板、レリーフやモニュメントなどの環境施設、住宅用材などを制作する。また木材の弱点である歪《ゆが》みや腐敗を防ぐため、特殊な樹脂加工で木の欠点を補い、新たな用途も創《つく》り出した。

「この樹脂加工も従来のものだと有害物質が含まれていて、雨などで地面に流れ自然環境を汚すおそれがあったんです。わが社では、㈱アルコンの新技術と提携して、環境を汚さない新製品となっているのが特色です」

勝部さんは、信州大学農学部で森林生態学を学び、卒業後は郷里に戻って出雲市森林組合に勤務し、植林事業や森林保護の仕事をへて、総務部長までつとめた。その後、組合との共同事業が発足することになり、勝部さんがそれを引受けることになって、昭和六十三年に組合を退職、新会社を設立する運びとなった。現在従業員は八人で、年商約一億五千万円。東京や大阪・名古屋でも取引があり、仕事が年々増えつつあるので、市内に二つある工場は、いま敷地を造成して拡大をはかっている。

「小さい頃から山歩きが好きでね。実家は農家ですが、農閑期《のうかん》には林業を手伝っていましたから、山はいつも身近にあった。学生の頃に、生長の家の本を夢中で読みましてね、日本文化の素晴らしさを知りました。それで文化の根っこにあるのは自然だ、この日本の自然をまもる仕事をしたいと思って森林組合に入ったんですよ。そして今度は、その木を活かす仕事に移ったわけです」

どちらかというと実直な人柄で、営業向きでないように感じられたが、一旦話しはじめると熱がこもって人を惹《ひ》き付ける。

「会社作るときには、妻や両親から反対されたんですよ。営業活動なんてしたことないし、何もいまさら苦労しなくたってと。でもね、谷口雅春《たにぐちまさはる》先生＊の『青年の書』（日本教文社刊）にありますよね、〝夢を描け〟〝背水の陣をしけ〟と。人間受身じゃだめなんですよね、何か新しいことをやらないと……。家族を説得し、貯金全部はたいて出資金を作りました」

亡くなった祖母が熱心な生長の家信徒だったので、教えは父親の鹿蔵さん（70）、そして長男の治良さんと三代にわたって受け継がれた。信仰が心の支えになっているので、いざという時には心強かったという。

夢イズル国へ…

工場では、ちょうど出荷の最中だった。奈良県の斑鳩《いかるが》中学校に納めるベンチや看板が、次々とトラックに積み込まれる。

出雲大社の駐車場から境内への入口に木の大きなレリーフが飾られている。大社の厳粛な「神迎祭《かみむかえ》」の様子が彫刻されたもので、勝部さんの仕事のひとつだ。稲佐《いなさ》の浜には「大国主命の国譲り神話」を描いたレリーフもあった。

海辺の道路を走っていると、日御碕《ひのみさき》がみえる。そして市内をゆったりと流れる斐伊《ひい》川。

「神話にでてくる八岐《やまた》の大蛇《おろち》は、この川の川上に棲《す》んでいたという伝承があるんですよ」

昔は川が氾濫《はんらん》し、まるで大蛇が鎌首をもたげるように、田や畑を襲った。スサノオノミコトの大蛇退治の神話は、水と戦った人々の希望や理想像をあらわしたものではないかとの説もあるという。

神代の息吹《いぶき》があちこちに感じられ、出雲はまさしく神話の国。

「森というのは何か神秘的なものがありますね、想像力を駆り立てるような。そこから色々な神話や夢物語も生まれるし……。そんな森が大好きなんですよ」

「木は二度生きるんです。一度目は成長する山林として、二度目は住宅や木工品としてね」

樹木を守り、また木を活用してその温もりを人々に伝えたい、と語る勝部さん。

〝夢イズル国〟の住人……そんな言葉がぴったりだった。


（平成五年一月号　取材／亀崎昌義　撮影／坪和正幸）

＊谷口雅春先生＝生長の家創始者。昭和六十年に満九十一歳にて昇天。

人も土地も作物もよろこぶ生活

熊本県　農業　尾方豊巳《おがたとよみ》さん（70歳）

六十歳で農協を退職した尾方さんは、本格的に農業に取り組むようになった。そんなときに、大腸ガンに襲われた。手術と生長の家の教えで元気になって以来、「これからは良かことしか起こらんばい。世の中のお役に立つことが一番大事」と農業と地域のために工ネルギッシュに働く毎日だ。

緑あふれる山間に、美しい水田が広がっている。熊本県人吉市は、鹿児島と宮崎の県境にある古い城下町で人口は約四万、農業が盛んだ。

「あの山の裾野《すその》まで全部、私たちの土地改良区なんですよ」

真っ黒にたくましく日焼けした尾方さんが、鳩胸《はとむね》川沿いに広がる農地を指差した。

四十八ヘクタールある田園の一角に、「農魂」と刻まれた高さ二メートルほどの石碑があった。これは、平成五年に完成した「南人吉地区県営圃場《ほじょう》整備事業」（総工費十一億円）を記念して建立されたものだ。農協を退職後、この事業の理事長として区画整理や水利事業に尽力した尾方さんはじめ、関係者の氏名が刻まれていた。

平成十一年九月、台風18号が熊本県を襲い、収穫直前の農家に甚大な被害をもたらした翌朝。

「神様の世界に不都合はない、大丈夫だと、私は神様に全托《ぜんたく》する心境で田圃《たんぼ》へ出て行きました。すると驚いたことに、周囲の稲はほとんど倒れて壊滅状態だったにもかかわらず、うちの稲だけが立っていた。私はそれを確認すると、予定どおり長崎の生長の家総本山*へ、団体参拝練成会*に参加するために出発しました。収穫した米は、すべて一等米でしたよ」

そんな話を聞きながら、尾方さんが耕作する田へ案内してもらった。

そこは他の田とは少し趣《おもむき》が違っている。普通は水を張ってから、田植えをするが、尾方さんの田では、乾いた田に種を直播《じかま》きしているのだ。まだ水を張っていないが、すでにしっかりと苗が土に根付いている。「乾田不耕起直播栽培《かんでんふこうきじかまきさいばい》」という新しいやり方だそうだ。

乾田直播栽培

「天地一切のものに感謝して接すれば、天地万物が味方になると信じていますから（笑）」

悠然《ゆうぜん》と語る尾方さんだが、信仰心をもつ一方で、絶え間ない努力と研究熱心さにはきわだったものがある。

岡山県立農業試験場で、乾田直播栽培方法が開発・普及されていると聞き、何度も見学に行った末、五年前からチャレンジした。

この方法は、従来の労働時間を約十分の一に短縮でき、田を耕さないことによって田面は硬くなるが、稲の根は深く張り丈夫になる。新開発農機具の不耕起直播機で、種まき精度が上がり、省力化と安定増収が可能になったという。ただ、数年間は土壌作りに配慮しなければならない。

普通のやり方だと、一本の稲穂に七十～八十粒の籾《もみ》がつくが、尾方さんの稲穂には百二十粒もついた。そして一反（約十アール）あたり九～十俵も収穫できた。尾方さんと

「天地万物に感謝の祈りを捧げていると、農作業にもヒラメキが湧くようになりました」と尾方さん

ともに、市内六軒の農家がこの栽培法に取り組んだが、今では三十軒以上に増えている。

尾方さんは、百十アールで米作りをするほか、白ネギの畑が三十アール、野菜畑が二十アール、桃の木も十一アールに数十本栽培している。六十歳を過ぎてからはじめた農業に、実にエネルギッシュに取り組んでいるが、ほかにも様々な肩書きを持っている。

前述の土地改良事業の理事長や、大畑《おこば》町内会の会長を経験したほか、野菜生産組合の委員長を務め、仲間たちと「人吉市ふれあい良心市・グリーンハウス」（生産者直売所）を設立した。また、町の漁業組合長として毎年ヤマメ五千匹を川に放流している。そして、生長の家熊本教区地方講師会副会長と相愛会教区連合会副会長を兼任している。

「主人は身体を動かすのが好きで、毎日野良仕事に出ています。まっすぐな性格で、思いついたら何でもバンバン口に出してしまう人。以前は気が短くて、すぐにカッとなる性格でしたが、生長の家の教えにふれてからは、まるくなって周囲の人々から喜ばれましたね（笑）」

かたわらで、奥さんの盛子《もりこ》さん（73）が朗らかに笑った。

大腸ガンに倒れた日

昭和四年生まれの尾方さんは、十二人きょうだいの五男坊として人吉市の農家に育った。戦後、実家の農業を手伝っていたが、仕事熱心さと技量が認められて、二十四歳で「農協へ入らないか」と誘われた。

永年、営農指導者として市内各地を回り、農家から信頼を寄せられ、農協・経済部長を最後に、平成元年に定年退職した。

盛子さんは、昭和四十八年頃、交通事故での入院中に知り合った人から生長の家の教えを伝えられた。子供は二人、現在、長男・等《ひとし》さん(42)は熊本市の国税局に勤務。長女の岩井一子《かずこ》さん(39)は、アメリカの大学へ留学後、人吉市に戻り学習塾を経営している。

盛子さんは、夫をたびたび生長の家の集まりに誘ったが、仕事の多忙を理由に断られていた。定年になって断る理由がなくなった尾方さんが、はじめて隣町の生長の家誌友会に参加したのは、平成二年一月。

〈すべての正しい宗教の根本はひとつ。人間は神の子だ〉〈環境は心の影。良いことを思えば、良いことが現われる〉という講師の話に、膝をのり出して聞き入った。

「人間関係で苦労したので、これは人を明るく変える素晴らしい教えだと分かった。〝人間は神の最高の自己実現〟で、世の中に役立つ使命があると聞いて、大いに意気に感じました」

その二週間後のこと、市の町内会長会議に出席している最中に、急に腹部が痛み出した。翌朝、汗がダラダラ流れるほど苦しくなり、病院に駆け込み、精密検査を受けた。

盛子さんは「お医者さんは、たいしたことないって」と慰《なぐさ》めてくれたが、尾方さんは現役時代に部下の健康診断の結果を見ていたので、「これは大腸ガンの症状だ」と直感した。

入院五日目に手術が行なわれ、患部を摘出した。病床では「これは元気がでる本なんだ」と言って、生長の家の聖典『生命の實相』全四十巻を読みふけった。幸い手術は成功し、わずか一ヵ月で退院できた。

近隣の生長の家信徒が、二十一日間にわたって『甘露の法雨』を読誦《とくじゅ》して平癒を祈願してくれたと、後に知らされた。尾方さんはそれ以来、毎月の誌友会に熱心に参加している。

「もう悪いところは全部取ったけん。これからは、良かことしか起こらんばい。過去はとやかく言わんでんよか。あとは人様のために尽くす人生ばい」と表情豊かに方言で、大きな転機となった体験を周囲に語る。

何物も汝を害せず

平成六年からは、自宅を開放し、近所の農家の人々を誘って誌友会を開催している。毎朝、天地万物に感謝の祈りを捧げ、先祖供養をしてから、畑に出かけるのが日課となった。

野外で畑仕事をしていると、気候の変化を肌で感じ、いつ雨が降るか、いつ種蒔《ま》きをすればよいか、農作業にもヒラメキが湧《わ》くようになった。ダイコンの種を蒔いた直後には、ザーッと雨が降り、「ちょうどよい水分補給になった」という具合だ。

「野菜たちは、こちらが世話しただけ報いてくれますよ」

三年ほど前のこと。親戚の依頼で、クリ畑の管理を任されたことがある。そこは山猿がたびたび出没し、クリの実を食い荒らしていた。柵を作ってもそれを乗り越えて襲来するので、「手を焼いている」と親戚はこぼしていた。

そこで尾方さんは、一計を案じた。生長の家のお経『甘露の法雨』を、畑の四隅に棒にくくって吊《つ》り下げ、お経の冒頭に掲げられた「神示」を読み上げたのだ。

《汝《なんじ》ら天地一切のものと和解せよ。天地一切のものとの和解が成立するとき、天地一切のものは汝の味方である。天地一切のものが汝の味方となるとき、天地の万物何物も汝を害することは出来ぬ。汝が何物かに傷けられたり、黴菌《ばいきん》や悪霊に冒《おか》されたりするのは汝が天地一切のものと和解していない証拠であるから省《かえり》みて和解せよ。……》(「大調和の神示」*より)

そして、ボス猿を見かけると、こう一喝《いっかつ》した。

「人も猿もそれぞれの所と暮らしがあるから、その境界を越えてはならぬ。明日からはもう来てはならんぞ!」

すると、山猿はそれっきり姿を現さなくなった。それを知った近所の人々は不思議がった。

翌年、その集落を訪ねると、「尾方さんが管理をやめた途端、また山猿が出てきよって困った」と聞かされた。尾方さんは「生長の家の信仰の力ですよ。〝大調和の教え〟を実践すれば、〝何物も汝を害せず〟なんですよ」と答え、生長の家講習会*のチラシを渡して受講を勧めると、六人が参加してくれた。

世話好きな尾方さんは、農協在職中を含め、四十五組の仲人をつとめた。農作業の合間に、それらの人々や近隣の家庭を訪ねて、大腸ガンから生還した体験や日常のエピソードをまじえて、教えを語り歩いた。

そうして、最近では生長の家講習会に、バス一台分、四十名も参加してくれるようになった。半分以上が初めて教えにふれた人々だ。

「みなさんに喜んでいただけるので張り合いがあります。やれば何でも出来るという自信にもなりました。たくさんのお蔭を頂いた恩返しです」

昨年、町の保育所が増築され、古くからあった観音堂が取り壊された。六百年の歴史をもつという観音像だけが公民館に保管されているが、町の人々から「新しい観音堂がほしい」という声が上がり、尾方さんは建設推進委員長に推挙された。

「色々な役職を頂いて、定年前より今のほうが忙しいくらいですよ（笑）。〝神の子・無限力〟を実践して、頑張らせていただきます」。

（平成十二年九月号　取材／亀崎昌義　撮影／田中誠一）

＊生長の家総本山＝巻末の「生長の家練成会案内」を参照。
＊団体参拝練成会＝各教区ごとに生長の家総本山に団体で参拝し受ける練成会。
＊「大調和の神示」＝生長の家創始者・谷口雅春大聖師が昭和六年に霊感を得て書かれた言葉で、この全文は『甘露の法雨』『生命の實相』(第1巻)『新編　聖光録』『御守護　神示集』(いずれも日本教文社刊）等に収録されている。
＊生長の家講習会＝生長の家総裁、副総裁が直接指導する生長の家の講習会。現在は、谷口雅宣副総裁が直接指導に当たっている。

農水大臣賞を受賞した牛飼いの心意気

香川県　畜産業　榎内《えのうち》　勇《いさむ》さん（79歳）

消防士の仕事を定年退職した後、自宅の農地を生かして牛の飼育をはじめた。収益性のみにとらわれず、自然と一体となった暮らしぶりを重視することで、周囲の農家や民家とも調和。すると年々、優良な牛が育つようになった……。

「五日前に、この子牛が産まれたばかりなんよ。グランドチャンピオンになった『みゆき』の五番目の子でねえ。安産でしたなあ」

榎内勇さんは、子牛と戯《たわむ》れる母牛の頭をいとおしそうに撫《な》でた。

乾いた干し草の匂いが漂《ただよ》う牛舎は、驚くほど清潔に保たれている。榎内さんが近づくと、牛たちが柵の間から顔をのぞかせて、「モオー」と鳴く。ここでは母牛が八頭、子牛が七頭飼育されている。

榎内さんは、自ら手塩にかけて育てた牛を毎年、「香川県畜産共進会」のコンテストに出品している。肉用種牛部門で県下九地区の予選を勝ち抜き、平成六年から三年連続で「農林水産省畜産局長賞」（第二位）を受賞。昨年十一月には、ついに最優秀の「農林水産大臣賞」にも輝いた。

チャンピオンになった黒毛和種のみゆき号は、審査員から「体格が立派で、毛並みも姿勢もよく、穏やかないい表情をしている」と高い評価をうけたそうだ。

「なにも特別なことをしとるわけではありません。好きでやっとるだけですけん」

と榎内さんは謙遜《けんそん》するが、とても七十九歳とは思えないキビキビした身のこなしで牧草を運び、こまごまと牛の世話を焼く。この日の高松市内は、粉雪が舞うほど冷え込んだが、野球帽をかぶった榎内さんの額には汗がにじみ、シミひとつない頰《ほお》をうっすらと紅潮させて、こう語る。

「《天地一切のものに感謝》《今を全力で生きよ》という生長の家の教えに支えられとります。意気込みがないと人間ふやけますけん（笑）、何事にも一所懸命取り組みますよ。ワシは牛と一心同体やけ、牛たちもそれに応えてくれとるんでしょう」

「丈夫に育てよ。いい子を産めよ」と声をかけながら、牛の世話に励む榎内さん

朝の時間を生かす

榎内さんの朝は早い。

四時半に起床すると牛舎に直行し、牛たちの健康状態を点検。そして、独自の方法で牛を調教する。

「牛を観察しながら、共進会に出場させる一頭を数ヵ月前には決めているんです。その牛に『がんばれよ。今年はお前の番だからなあ』と声をかけて、言い聞かせながら毎日飼育しよるんよ」

頭と背中が形よく一直線になるように矯正《きょうせい》するため、牛の鼻輪をロープで柵に結びつけて、二時間ほど直立不動の姿勢を保たせるのが毎朝の日課で、これが榎内さんのノウハウのひとつだ。

その間、榎内さんは五時になると軽自動車に乗って、十五分ほどの所にある生長の家香川県教化部*へ向かう。道場で「早朝神想観」を実修し、天地万物に感謝の祈りを捧げ、「きょうも一日、神の子として明るく頑張るぞ！」と唱えて、参加者と一緒に「笑いの練習＊」を行ない、六時半過ぎに家に戻る。

その後、約一時間かけて、金属製と木製のブラシを使いながら、牛たちに入念なマッサージをする。

「うなじや喉《のど》をマッサージしてやると牛は喜ぶんですよ。笑っているように見えますのや」

給餌《きゆうじ》は一日に三回。ヨーロッパ種のスーダンやイタリアンという牧草、藁《わら》、ビタミン配合の飼料をブレンドして与える。さらに、繊維成分をふやすため、地元の農家で採れた有機栽培の芋《いも》のツルを乾燥させたものを加えている。この芋のツルは、牛糞《ぎゆうふん》の堆肥《たいひ》と交換してもらったもの。

「牛はあんまり太らせんほうが丈夫《じようぶ》な子を産む。健康によい餌《えさ》を工夫して与えます」

牛糞は乾燥させて堆肥にしておき、近くの農家や家庭菜園を楽しむ主婦たちに分けているので、処理に困ることもない。

「土壌が豊かになると喜ばれ、よく野菜や花を頂きますよ。おかげさまで、近所付き合いもようなって、楽しみながら物々交換。自給他足・他給自足の世界になりましたねえ」

牛からうまれた堆肥が米や野菜を育て、大地をさらに肥沃にする。風土にあった餌や飼育法を工夫し、自然のサイクルに従って暮らしてゆくのが、榎内さんの信条だ。

現在、飼育する牛はけっして多くない。頭数を増やして収益を上げることをあえて考えず、丁寧《ていねい》に世話ができる数に抑えて、良質な国産牛育成の伝統をまもり伝えたいと語るが、賞をとれば産まれた子牛の値段は倍ほどにもなるそうだ。

「昔ながらの牛飼いのあり方に、教えられるものがありますなあ」

牛や自然と一心同体

「定年後の仕事として、牛飼いを選んだ」という榎内さん。元は消防士だった。

温和な性格だが、じつは居合道の達人で、老人クラブなどで詩吟に合わせて剣舞を披露することもあるという。また銃剣道五段、講道館柔道四段の腕前をもつ猛者《もさ》でもある。

大正九年の生まれで、高松市内の農家の長男として育った。昭和十六年、二十歳のときに東京の近衛《このえ》歩兵第一連隊に入隊。戦後は、皇宮《こうぐう》警察官となって、混乱の時代のなかで皇居の警備にあたった。二十三年に故郷に戻り、高松市第一期の消防隊に加わる。

翌年、昭和天皇の四国御巡幸《ごじゅんこう》があり、「これからは高松市民のために頑張ってくださ い」とのお言葉にふれて、感激したという。

人命救助の訓練を受け、四十一年には四国初のレスキュー隊の隊長に任命された。

「火災現場では人命救助が最優先で、情報収集や一瞬の判断力が問われた。火の中を何度もくぐりましたよ」

生長の家の教えにふれたのは、昭和四十九年のこと。知人から講演会にさそわれ、夫婦で参加したのがきっかけだった。

「公職にあったので、日本の歴史や親の恩を大切にし、すべての正しい宗教の根本はひとつという教えは素晴らしいと、共感できましたんや」

三人の娘たちも、高校生練成会に熱心に参加してくれた。

消防一筋に歩んできたが、五十二年に定年を迎えた後、「健康維持のために働こう」と思い立ち、畑に牛舎を建てて、畜産に励むようになった。

当時、生長の家香川教区の教化部長だった岡田淳講師と出会ったことで、信仰が深まったという。岡田講師は子供の時の事故で両手首から先を失っていたが、車の運転でも食事でも何でも器用にこなす姿に、榎内さんは胸打たれた。

そして「人間は神の子・無限力。生かされていると知ったとき、力が湧《わ》いてくる。男は硬いばかりでは駄目《だめ》。柔軟にかまえて、いざというときに力を出せばよい」と教えられた。

「体力に自信もあり、〝我《が》〟が強かったので、自分ひとりで何でもできると思い上がりもあった。けれど、誰でも周囲に生かされている、感謝の心が大切と気づかされ、人生観が変わっていったんやね」

生き物を扱う畜産の仕事は、家族や周《まわ》りの農家の協力があって、はじめて成り立つ。牛に愛情を注ぐだけでなく、周囲の人や自然と調和して暮らしたいと願うようになった。

やがて、生長の家の聖典である『生命の實相』を熱心に読むようになり、第七巻「生活篇」の中にある「朝の時間を生かせ」という教えを実践しようと決意した。

《朝の時間の不思議な特色はしばらく物質世界との関係が絶えているということである。心が非常に自由な、自然な、有形の世界にとらわれない伸び伸びとした状態にあるということである。この時間はわれわれの心のカメラがいっそう無形の世界の方へ向いてい

て、われわれ自身以上の英知者からの指導を受けやすいということである》（同書5ページ）

朝の祈りを一日も欠かさず、心を神様に振り向けていると、お金でも資材でも必要なものが必要な分だけ、身の回りに自然に集まってくるようになり、取り越し苦労をすることもなくなった。

また、牛にも飼い主の心が通じると信じて、やさしい言葉や励ましの言葉をかけ、生長の家のお経の『甘露の法雨』を読誦して聞かせることもある。

「天地の恵みに感謝、一本の藁にも感謝、牛糞にも感謝。捨てられる芋のツルも無駄にはしない」……そんな姿勢に、榎内さんの個性が十二分に発揮されている。

「牛と一体、自然と一体。それが私流の牛飼いの心意気やねえ（笑）」

（平成十二年四月号　取材・撮影／亀崎昌義）

＊教化部＝生長の家の地方における布教、伝道の拠点。巻末の「生長の家教化部一覧」を参照。
＊笑いの練習＝笑いは人の心を明るくし、健康を招くことから、生長の家では「笑いの練習」を行事に取り入れている。

教化部名	所　在　地	電話番号	FAX番号
静岡県	〒432-8011　浜松市城北2-8-14	053-471-7193	053-471-7195
愛知県	〒460-0011　名古屋市中区大須4-15-53	052-262-7761	052-262-7751
岐阜県	〒500-8824　岐阜市北八ッ寺町1	058-265-7131	058-267-1151
三重県	〒514-0034　津市南丸之内9-15	059-224-1177	059-224-0933
滋賀県	〒527-0034　八日市市沖野1-4-28	0748-22-1388	0748-24-2141
京　都	〒606-8332　京都市左京区岡崎東天王町31	075-761-1313	075-761-3276
両丹道場	〒625-0081　舞鶴市北吸497	0773-62-1443	0773-63-7861
奈良県	〒639-1016　大和郡山市城南町2-35	0743-53-0518	0743-54-5210
大　阪	〒543-0001　大阪市天王寺区上本町5-6-15	06-6761-2906	06-6768-6385
和歌山県	〒641-0051　和歌山市西高松1-3-5	073-436-7220	073-436-7267
兵庫県	〒650-0016　神戸市中央区橘通2-3-15	078-341-3921	078-371-5688
岡山県	〒703-8256　岡山市浜1-14-6	086-272-3281	086-273-3581
広島県	〒732-0057　広島市東区二葉の里2-6-27	082-264-1366	082-263-5396
鳥取県	〒682-0022　倉吉市上井町1-251	0858-26-2477	0858-26-6919
島根県	〒693-0004　出雲市渡橋町542-12	0853-22-5331	0853-23-3107
山口県	〒754-1252　吉敷郡阿知須町字大平山1134	0836-65-5969	0836-65-5954
香川県	〒761-0104　高松市高松町1557-34	087-841-1241	087-843-3891
愛媛県	〒791-1112　松山市南高井町1744-1	089-976-2131	089-976-4188
徳島県	〒770-8072　徳島市八万町中津浦229-1	088-625-2611	088-625-2606
高知県	〒780-0862　高知市鷹匠町2-1-2	088-822-4178	088-822-4143
福岡県	〒818-0105　太宰府市都府楼南5-1-1	092-921-1414	092-921-1523
大分県	〒870-0047　大分市中島西1-8-18	097-534-4896	097-534-6347
佐賀県	〒840-0811　佐賀市大財4-5-6	0952-23-7358	0952-23-7505
長　崎	〒852-8017　長崎市岩見町8-1	095-862-1150	095-862-0054
佐世保	〒857-0027　佐世保市谷郷町12-21	0956-22-6474	0956-22-4758
熊本県	〒860-0032　熊本市万町2-30	096-353-5853	096-354-7050
宮崎県	〒889-2162　宮崎市青島1-8-5	0985-65-2150	0985-55-4930
鹿児島県	〒892-0846　鹿児島市加治屋町2-2	099-224-4088	099-224-4089
沖縄県	〒900-0012　那覇市泊1-11-4	098-867-3531	098-868-8807

●生長の家教化部一覧

教化部名	所　在　地	電話番号	FAX番号
札　幌	〒064-0804　札幌市中央区南4条西20-1-21	011-561-1603	011-561-1613
小　樽	〒047-0033　小樽市富岡2-10-25	0134-34-1717	0134-34-1550
室　蘭	〒050-0082　室蘭市寿町2-15-4	0143-46-3013	0143-43-0496
函　館	〒040-0033　函館市千歳町19-3	0138-22-7171	0138-22-4451
旭　川	〒070-0810　旭川市本町1-2518-1	0166-51-2352	0166-53-1215
空　知	〒073-0031　滝川市栄町4-8-2	0125-24-6282	0125-22-7752
釧　路	〒085-0832　釧路市富士見3-11-24	0154-44-2521	0154-44-2523
北　見	〒099-0878　北見市東相内町584-4	0157-36-0293	0157-36-0295
帯　広	〒080-0802　帯広市東2条南27-1-20	0155-24-7533	0155-24-7544
青森県	〒030-0812　青森市堤町2-6-13	017-734-1680	017-723-4148
秋田県	〒010-0023　秋田市楢山本町2-18	018-834-3255	018-834-3383
岩手県	〒020-0066　盛岡市上田1-14-1	019-654-7381	019-623-3715
山形県	〒990-0021　山形市小白川町5-29-1	023-641-5191	023-641-5148
宮城県	〒981-1105　仙台市太白区西中田5-17-53	022-242-5421	022-242-5429
福島県	〒963-8006　郡山市赤木町11-6	024-922-2767	024-938-3416
茨城県	〒312-0031　ひたちなか市後台字片岡421-2	029-273-2446	029-273-2429
栃木県	〒321-0933　宇都宮市簗瀬町字桶内159-3	028-633-7976	028-633-7999
群馬県	〒370-0801　高崎市上並榎町455-1	027-361-2772	027-363-9267
埼玉県	〒336-0923　さいたま市大字大間木字会ノ谷483-1	048-874-5477	048-874-7441
千葉県	〒260-0032　千葉市中央区登戸3-1-31	043-241-0843	043-246-9327
神奈川県	〒246-0031　横浜市瀬谷区瀬谷3-9-1	045-301-2901	045-303-6695
東京第一	〒112-0012　文京区大塚5-31-12	03-5319-4051	03-5319-4061
東京第二	〒183-0042　府中市武蔵台3-4-1	042-574-0641	042-574-0055
山梨県	〒406-0032　東八代郡石和町四日市場1592-3	055-262-9601	055-262-9601
長野県	〒390-0862　松本市宮渕3-7-35	0263-34-2627	0263-34-2626
長　岡	〒940-0853　長岡市中沢3-364-1	0258-32-8388	0258-32-7674
新　潟	〒951-8133　新潟市川岸町3-17-30	025-231-3161	025-231-3164
富山県	〒930-0103　富山市北代6888-1	076-434-2667	076-434-1943
石川県	〒920-0022　金沢市北安江1-5-12	076-223-5421	076-224-0865
福井県	〒918-8057　福井市加茂河原1-5-10	0776-35-1555	0776-35-4895

●生長の家練成会案内

総本山……長崎県西彼杵郡西彼町喰場郷1567　☎0959-27-1155

＊龍宮住吉本宮練成会……毎月１日～７日（1月を除く）

＊龍宮住吉本宮境内地献労練成会……毎月７日～10日（５月を除く）

本部練成道場……東京都調布市飛田給2-3-1　☎0424-84-1122

＊一般練成会……毎月１日～10日

＊短期練成会……毎月第三週の木～日曜日

＊光明実践練成会……毎月第二週の金～日曜日

宇治別格本山……京都府宇治市宇治塔の川32　☎0774-21-2153

＊一般練成会……毎月10日～20日

＊短期・写経練成会……毎月月末日～５日

＊写経練成会……毎月３日～５日（１月を除く）

＊伝道実践者養成練成会……毎月20日～22日（11月を除く）

＊能力開発研修会……毎月21日～25日（８月、12月を除く）

富士河口湖練成道場……山梨県南都留郡河口湖町船津5088　☎0555-72-1207

＊一般練成会……毎月10日～20日

＊短期練成会……毎月月末日～３日

＊能力開発繁栄練成会……（問い合わせのこと）

ゆには練成道場……福岡県太宰府市都府楼南5-1-1　☎092-921-1417

＊一般練成会……毎月13日～20日

＊短期練成会……毎月25日～27日（12月を除く）

松陰練成道場……山口県吉敷郡阿知須町大平山1134　☎0836-65-2195

＊一般練成会……毎月15日～21日

＊伝道実践者養成練成会……（問い合わせのこと）

○奉納金・持参品・日程変更詳細は各道場へお問い合わせください。

○各教区でも練成会が開催されています。詳しくは各教化部にお問い合わせください。

○海外は「北米練成道場」「ハワイ練成道場」「南米練成道場」等があります。

生長の家本部　〒150-8672　東京都渋谷区神宮前1-23-30　☎03-3401-0131　FAX03-3401-3596

日本教文社刊

日本教文社編　¥450　〒180 **繁栄の秘訣** —生長の家ヒューマン・ドキュメント選—	不況の中にあっても、生長の家の信仰に触れて事業を拡大、好転させている経営者をドキュメントで紹介。成功の秘訣がいっぱいつまった、貴重なヒント集。
日本教文社編　¥450　〒180 **感謝は病いを癒す** —生長の家ヒューマン・ドキュメント選—	心に秘められた憎しみや恨みを、心からの感謝に変えたとき、不治の病いが見事に治癒した体験を紹介。明るい感謝の心が幸福生活の源であることを実証する。
日本教文社編　¥450　〒180 **夫婦で開いた幸せの扉** —生長の家ヒューマン・ドキュメント選—	苦難のドン底にあって離婚さえ覚悟した夫婦も、本当の夫婦愛に目覚めたとき、家庭も仕事も健康もすべてが順調に！夫婦の調和が生み出した幸福物語。
日本教文社編著　¥1300　〒310 **神さまの仕事** —「ありがとう」が言えた18話—	難病、借金、経営難、子供の死——人生の窮地に立った時、神縁を得て立ち直りのチャンスを掴み、感謝の心に目覚めて人生が一変した感動のドキュメント。
生長の家総本山編 ¥970　〒240 **いのち輝く２** —練成会体験談集—	長崎の生長の家総本山で行われている練成会で発表された、親と子の問題、夫婦の問題、病気の問題、繁栄の問題が解決された感動的体験談を解説をつけて紹介。
生長の家本部練成道場編　¥1200　〒310 **神性開発** —「練成会」発祥の地・飛田給—	練成会発祥の地、飛田給練成道場で、半世紀に亘って道場を支えて来た人々の文章、講話、座談、貴重な資料等で構成する練成会の使命と目的を把握するための書。
生長の家白鳩会中央部編 ¥400　〒180 **明るい家庭と楽しい子育て** —いのちを育む— —シリーズ母親教室と私２—	子育ての楽しさ難しさを共に分ちあう母親達が、深い愛と真理に目覚め、子供の尊さに気付き難問を解決したライフスタイル別の子育て体験談。〈本文2色刷り〉
生長の家本部青年会部編 ¥900　〒240 **生んでくれてありがとう** —青少年練成会感動の手記—	全国各地で行われている青少年練成会で子供たちが書いた感動の手記を中心に、先輩の体験談、保護者の感動の言葉、学校の先生方の感銘深い声を併せて収める。

各定価、送料（５％税込）は平成14年６月１日現在のものです。品切れの際は御容赦下さい。